Schuel - scol	2
Reis - biahamento	5
Transport - transport	8
Stadt - ciudad	10
Landschaft - paisahe	14
Restaurant - restaurant	17
Läbensmittellade - supermarket	20
Getränk - bebida	22
Läbensmittel - cuminda	23
Buurehof - cunucu	27
Huus - cas	31
Stubä - sala	33
Chuchi - cushina	35
Badzimmer - baño	38
Chinderzimmer - camber di mucha	42
Chleidig - paña	44
Büro - oficina	49
Wirtschaft - economia	51
Brüef - ofishi / profesion	53
Werkzüüg - herment	56
Musiginstrumänt - instrumento musical	57
Zolli - parke di bestia	59
Sport - deporte	62
Aktivitäte - actividad	63
Familiä - famia	67
Körpär - curpa	68
Spital - hospital	72
Notfall - caso di emergencia	76
Ärde - mundo	77
Uhr - holoshi	79
Wuche - siman	80
Johr - aña	81
Forme - forma	83
Farbä - colo	84
Gägeteil - contrario	85
Zahlä - cifra	88
Sprache - idioma	90
wär / was / wie - ken / kico / con	91
wo - unda	92

Impressum
Verlag: BABADADA GmbH, Nedderfeld 112 , 22529 Hamburg
Geschäftsführer / Verlagsleitung: Harald Hof
Druck: Books on Demand GmbH, In de Tarpen 42, 22848 Norderstedt

Imprint
Publisher: BABADADA GmbH, Nedderfeld 112 , 22529 Hamburg, Germany
Managing Director / Publishing direction: Harald Hof
Print: Books on Demand GmbH, In de Tarpen 42, 22848 Norderstedt, Germany

Schuel
scol

Klassezimmer
klas

dividiere
dividi

186/2

Taflä
borchi

Pauseplatz
plenchi di scol

Lehrer
maestro

Papier
papel

schribe
skirbi

Stift
pen

Schribtisch
lessenaar

Lineal
liniaal

Buech
buki

Schüeler
alumno

Thek

tas di scol

Etui

etui

Bleistift

potlood

Spitzer

slijper

Radiergummi

gum

Zeicheblock

buki di pinta

Zeichnig

pintura

Pinsel

cuashi

Malchaschte

caha di verf

Schär

sker

Liim

lijm

Üebigsheft

schrift

Huusufgabe

huiswerk

12

Zahl

number

2+2

addiere

suma

5-2

subtrahiere

kita

2×2

multipliziere

multiplica

rächne

conta

A

Buechstabe

letter

ABCDEFG
HIJKLMN
OPQRSTU
VWXYZ

Alphabet

alfabet

hello

Wort

palabra

Text

texto

läse

lesa

Kriide

krijt

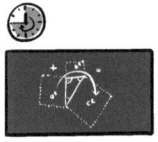

Lektion

les

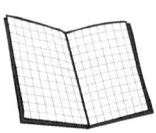

Klassäbuech

klassenboek

Prüefig

examen

Zügnis

diploma

Schueluniform

uniform di scol

Usbildig

estudio

Enzyklopädie

enciclopedia

Universität

universidad

Mikroskop

microscop

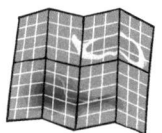

Charte

mapa

Papierchorb

bari di sushi

Hotel
hotel

Grand

Härbärg
posada

ROOMS

Wächselstube
oficina di cambio

EXCHANGE

Koffer
maleta

Auto
auto

Sprach
idioma

jo / nei
si / no

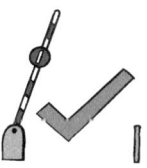

okay
bon

Hallo
hallo

Dolmetscher
tolk

Dankä
masha danki

Was chostet...?

Cuanto esaki ta costa?

Ich vrstahs nöd

Mi no ta compronde

Problem

problema

Guete Abig!

bon nochi

guete Morgä!

Bon dia!

guete Abig!

Bon nochi!

Uf Wiederseh

ayo

Richtig

direccion

Bagaasch

maleta

Täsche

handbag

Rucksack

rugtas

Gast

huesped

Ruum

camber

Schlafsack

slaapzak

Zält

tent

Touristeninformation

informacion pa turista

Strand

lama

Kreditkarte

credit card

Zmorge

desayuno

Zmittag

cuminda di merdia

Znacht

cuminda di anochi

Billet

carchi

Ufzug

cabe'i boto

Briefmarke

stampia

Gränze

grens

Zoll

duana

Botschaft

embahada

Visum

visa

Pass

paspoort

Transport
transport

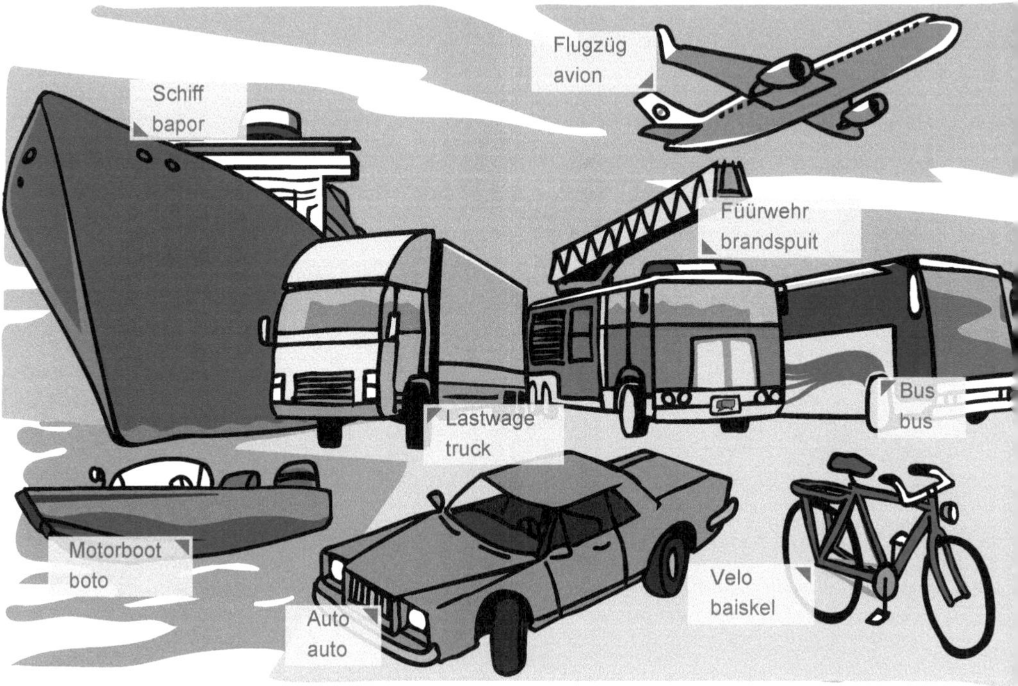

Flugzüg
avion

Schiff
bapor

Füürwehr
brandspuit

Lastwage
truck

Bus
bus

Motorboot
boto

Velo
baiskel

Auto
auto

Fähri
ferry

Boot
boto

Töff
brommer

Polizeiauto
auto di polis

Rännauto
auto di careda

Mietwage
auto di huur

Carsharing

car sharing

Abschleppwage

takelwagen

Chübelwage

dump truck

Motor

motor

Benzin

gasolin

Tankstell

pomp di gasolin

Verkehrsschild

borchi di trafico

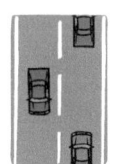

Verchehr

trafico

Stau

fila

Parkplatz

parkeerplaats

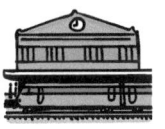

Bahnhof

stacion di trein

Schiene

riel

Zug

trein

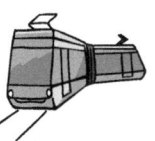

Strassebahn

tram

Wagon

wagon

Helikopter

helicopter

Flughafe

aeropuerto

Tower

toren

Passagier

pasahero

Container

container

Karton

caha di carton

Chare

garoshi

Korb

macutu

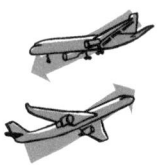

starte / lande

lanta / baha

Stadt
ciudad

Dorf

pueblo

Stadtzentrum

centro di ciudad

Huus

cas

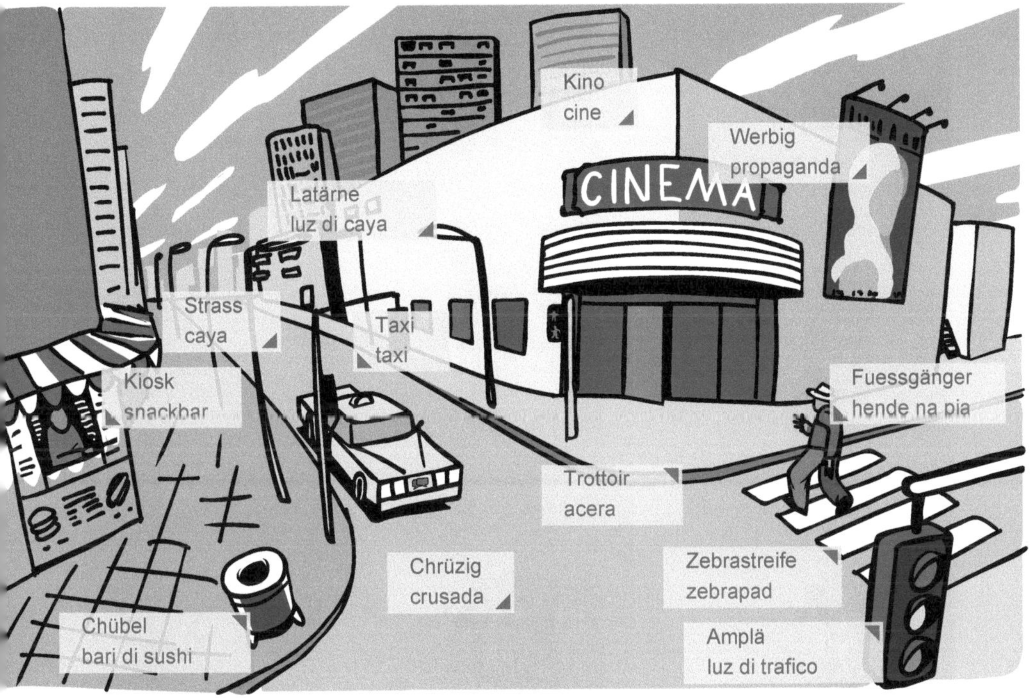

Kino
cine

Werbig
propaganda

Latärne
luz di caya

CINEMA

Strass
caya

Taxi
taxi

Kiosk
snackbar

Fuessgänger
hende na pia

Trottoir
acera

Chrüzig
crusada

Zebrastreife
zebrapad

Chübel
bari di sushi

Amplä
luz di trafico

Hütte
....
hut

Wohnig
....
flat

Bahnhof
....
stacion di trein

Gmeindshuus
....
stadhuis

Museum
....
museo

Schuel
....
scol

Universität

universidad

Bank

banco

Spital

hospital

Hotel

hotel

Apotheke

botica

Büro

oficina

Buechgschäft

boekhandel

Gschäft

tienda

Bluemelade

floresteria

Läbensmittellade

supermarket

Märt

mercado

Chaufhuus

department store

Fischhändler

bendedo di pisca

Iihkaufszentrum

shopping center

Hafe

haf

Park
park

Bank
banki

Brugg
brug

Stäge
trapi

U-Bahn
metro

Tunnell
tunnel

Bushaltestell
parada di bus

Bar
bar

Restaurant
restaurant

Briefchastä
postbox

Strasseschild
borchi di nomber di caya

Parkuhr
parkeermeter

Zolli
parke di bestia

Badi
piscina

Moschee
moskee

Buurehof
cunucu

Umwältvrschmutzig
polucion

Fridhof
santana

Chile
misa

Spielplatz
speelplaats

Tämpel
tempel

Landschaft
paisahe

Blatt
blachi

Wägwiiser
borchi di direccion

Wäg
caminda

Wise
sabana

Stei
piedra

Wanderer
keirodo

Baum
palo

Fluss
riu

Gras
yerba

Bluamä
flor

Tal

vallei

Bärg

sero

See

lago

Wald

mondi

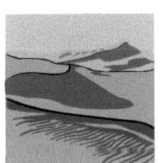

Wüeschti

desierto

Vulkan

volcan

Schloss

kasteel

Rägeboge

arco iris

Pilz

paddenstoel

Palme

palma

Moskito

sangura

Fliege

musca

Ameise

vruminga

Biendli

bij

Spinne

haraña

Chäfer

tor

Frosch

dori

Eichhörnli

eekhoorn

Igel

porcospina

Haas

coneu

Üle

shoco

Vogu

parha

Schwan

zwaan

Wildschwein

porco di mondi

Hirsch

bina

Elch

eland

Damm

dam

Windturbine

molina di biento

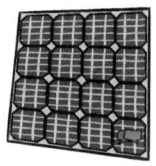

Sunnekollektor

panel solar

Klima

clima

Restaurant
restaurant

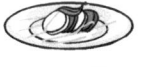

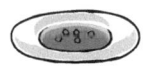

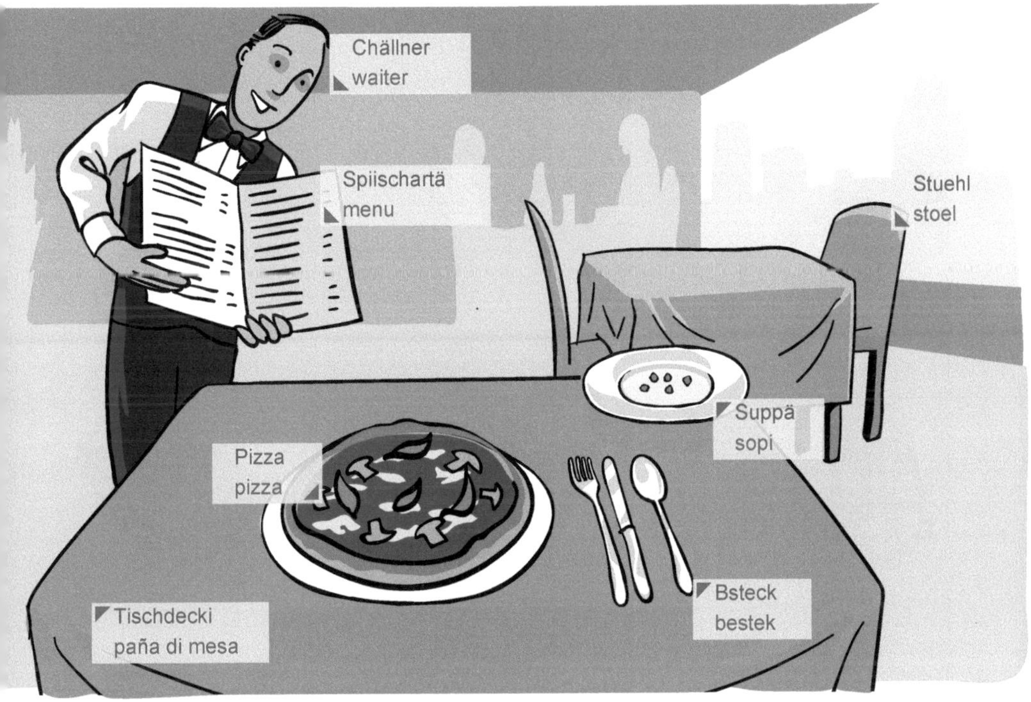
Chällner
waiter
Spiischartä
menu
Stuehl
stoel
Suppä
sopi
Pizza
pizza
Bsteck
bestek
Tischdecki
paña di mesa

Vorspiies
aperitivo

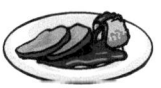

Hauptgricht
cuminda principal

Dessert
dessert

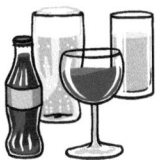

Getränk
bebida

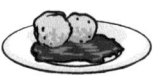

Läbensmittel
cuminda

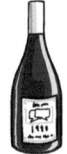

Fläsche
boter

Fast Food

fastfood

Street Food

streetfood

Teechanne

canica di te

Zuckerdosä

pochi di sucu

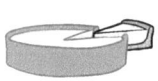

Portion

porcion

Espressomaschine

espressomachine

Hochstuehl

stoel di mucha

Rächnig

cuenta

Tablett

hasechi

Mässer

cuchiu

Gable

forki

Löffel

cuchara

Teelöffel

telep

Serviette

napkin

Glas

glas

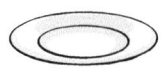

Täller
tayo

Suppetällär
tayo di sopi

Untertasse
scoter

Sose
saus

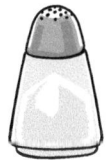

Salzstreuer
pochi di salo

Pfäffermühli
mulina di peper

Essig
binager

Öl
azeta

Gwürz
specerij

Ketchup
ketchup

Sänf
mosterd

Mayonnaise
mayonaise

Läbensmittellade
supermarket

Ahgebot
oferta special
FOR
Chund
cliente
Milchprodukt
producto lacteo
Frücht
fruta
Iichaufswage
garoshi di compra

BUTCHERS

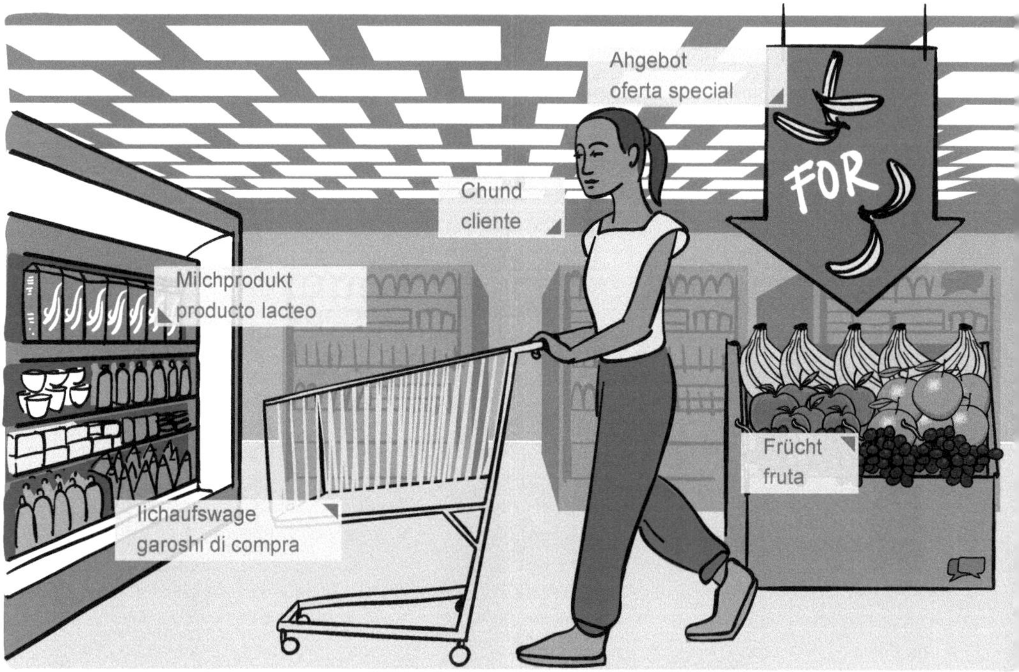

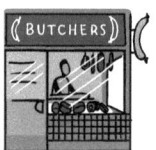

Schlachter

carniceria

BAKERY

Beck

panaderia

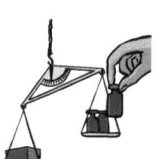

wiege

pisa

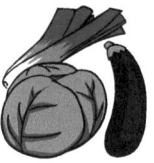

Gmües

berdura

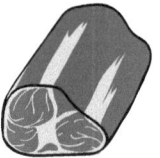

Fleisch

carni

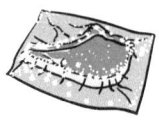

Tiefkühlprodukt

frozen food

Ufschnitt

beleg di carni

die Konsärve

cuminda di bleki

Wöschmittel

detergente na puiro

Süessigkeite

mangel

Huushaltartikel

producto pa cas

Putzmittel

articulo di limpiesa

Verchäuferin

bendedo

Kassä

cahero

Kassierer

cahero

Ihchaufsliste

lista di compra

Öffnigszite

orario

das Portemonnaie

cartera

Kreditkarte

credit card

Täsche

tas

Plastiksack

saco di plastic

Getränk

bebida

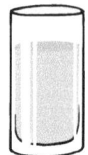

Wasser

awa

Saft

juice

Milch

lechi

Cola

cola

Wii

biña

Bier

cerbes

Alkohol

alcohol

Ovi

chocomel

Tee

te

Kafi

koffie

Espresso

espresso

Cappuccino

cappuccino

Banane

bacoba

Öpfel

appel

Orange

apelsina

Melone

milon

Zitrone

lamunchi

Rüebli

wortel

Chnoobli

conoflok

Bambus

bambu

Zwiblä

siboyo

Pilz

mushroom

Nüss

noot

Nudle

pasta

Spaghetti

spaghetti

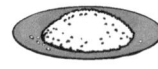

Riis

aros

Salat

salada

Pommfrit

batata hasa

Bratherdöpfel

batata hasa

Pizza

pizza

Hamburgär

hamburger

Sandwich

sandwich

Gotlett

cutlet

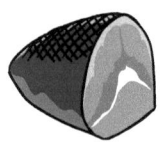

Schinkä

ham

Salami

salami

Würschtli

soseishi

Huehn

galiña

Bratä

hasa

Fisch

pisca

Haferflocke

papa

Müesli

müsli

Cornflakes

cornflakes

Mähl

hariña

Gipfeli

croissant

Brötli

pan rondo

Brot

pan

Toscht

toast

Guetzli

cuki

Butter

manteca

Quark

kwark

Chueche

bolo

Ei

webo

Spiegelei

webo hasa

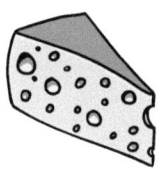

Chäs

keshi

Glace

ijscream

Zucker

sucu

Honig

honing

Gonfi

jam

Nougat-Creme

pasta di chuculati

Curry

curry

Buurehof
cunucu

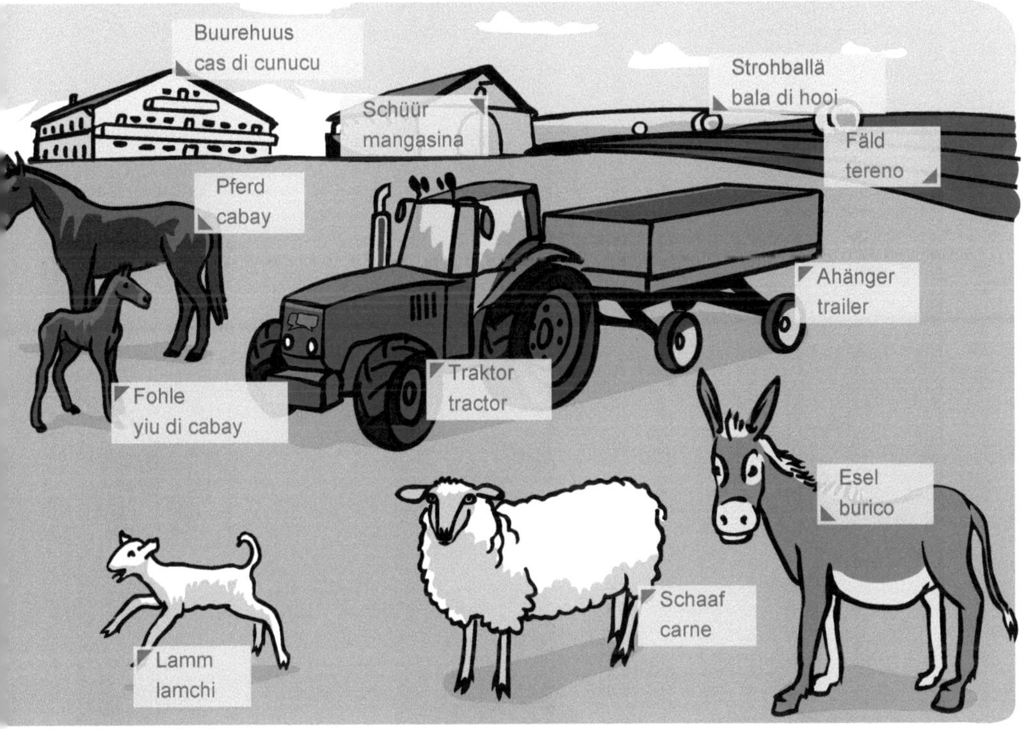

Buurehuus
cas di cunucu
Schüür
mangasina
Strohballä
bala di hooi
Fäld
tereno
Pferd
cabay
Ahänger
trailer
Traktor
tractor
Fohle
yiu di cabay
Esel
burico
Schaaf
carne
Lamm
lamchi

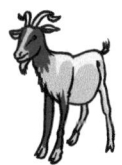

Geiss
cabrito

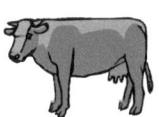

Chueh
baca

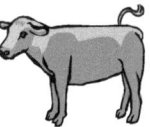

Chalb
bishe

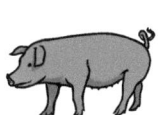

Sau
porco

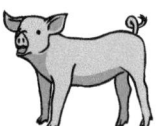

Ferkel
yiu di porco

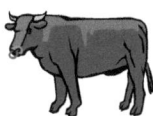

Rind
toro

Gans

gans

Änte

pato

Küke

puyito

Huähn

galiña

Güggel

gay

Ratte

djaca

Chatz

pushi

Muus

raton

Ochse

toro

Hund

cacho

Hundehütte

cas di cacho

Garteschluuch

slang pa muha mata

Giesschanne

gieter

Sägese

herment pa corta yerbe

Pflueg

ploeg

Sichel

garabati

Hacke

chapi

Heugable

forki pa coy hooi

Axt

hacha

Garette

garetia

Trog

pesebre

Milchchanne

canica di lechi

Sack

saco

Haag

heki

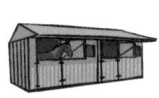

Gadä

stal

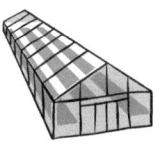

Gwächshuus

greenhouse

Bode

suela

Soome

simia

Dünger

mest

Mähdrescher

mashin di cosecha

ärnte

cosecha

Ärnte

cosecha

Yamswurzle

yams

Weize

trigo

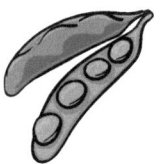

Soja

soya

Härdöpfel

batata

Mais

maishi

Raps

canola

Obstbaum

palo di fruta

Maniok

yuca

Getreide

grano

Huus
cas

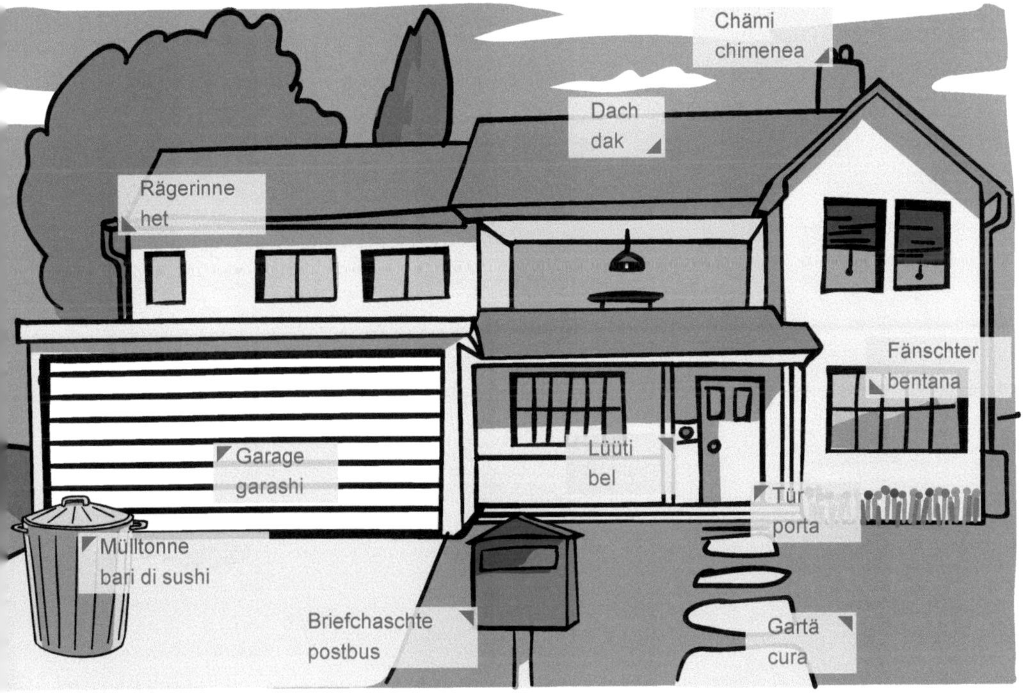
Chämi
chimenea
Dach
dak
Rägerinne
het
Fänschter
bentana
Garage
garashi
Lüüti
bel
Tür
porta
Mülltonne
bari di sushi
Briefchaschte
postbus
Gartä
cura

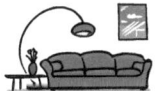

Stubä
sala

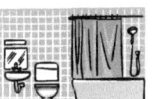

Badzimmer
baño

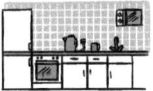

Chuchi
cushina

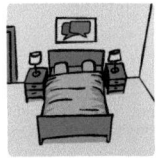

Schlofzimmer
camber

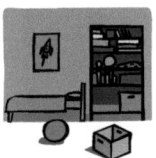

Chinderzimmer
camber di mucha

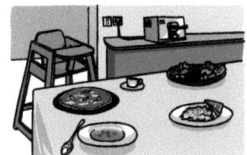

Ässzimmer
comedo

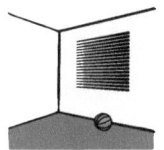

Bodä

suela

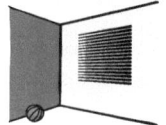

Wand

muraya

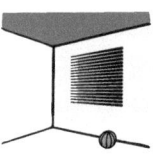

Decki

blafon

Chäller

bodega

Sauna

sauna

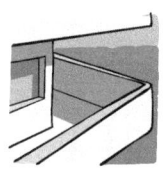

Balkon

balcon

Terasse

terasa

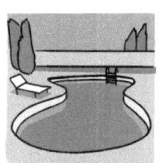

Pool

piscina

Rasemäier

mashin di corta yerba

Bettbezug

laken

Bettdecki

bedsprei

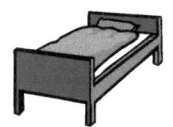

Bett

cama

Bäse

basora

Chübel

hemchi

Schalter

switch

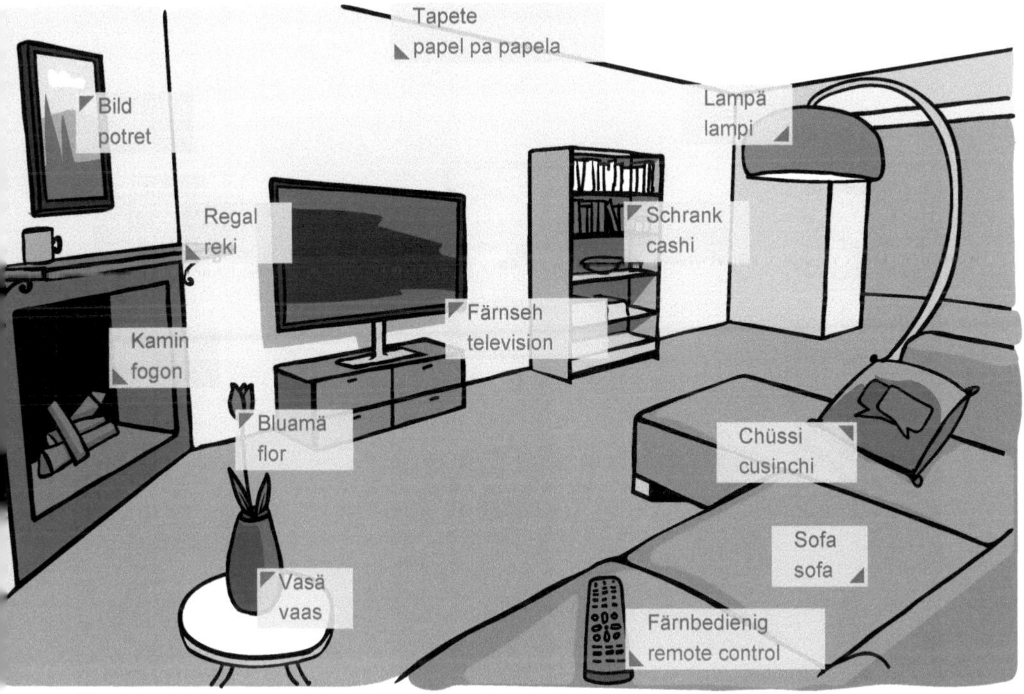

Tapete
papel pa papela

Bild
potret

Lampä
lampi

Regal
reki

Schrank
cashi

Färnseh
television

Kamin
fogon

Bluamä
flor

Chüssi
cusinchi

Sofa
sofa

Vasä
vaas

Färnbedienig
remote control

Teppich
tapijt

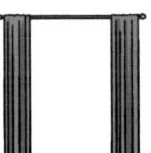

Vorhang
cortina

Tisch
mesa

Stuehl
stoel

Schaukelstuehl
stoel di zoya

Sässel
stoel

Buech

buki

Decki

dekel

Dekoration

decoracion

Füürholz

palo pa kima

Film

film

Stereoahlag

stereoset

Schlüssel

yabi

Ziitig

corant

Bild

cuadra

Poster

poster

Radio

radio

Notizblock

blocnote

Staubsuuger

stofzuiger

Kaktus

cadushi

Chärze

bela

Chuchi
cushina

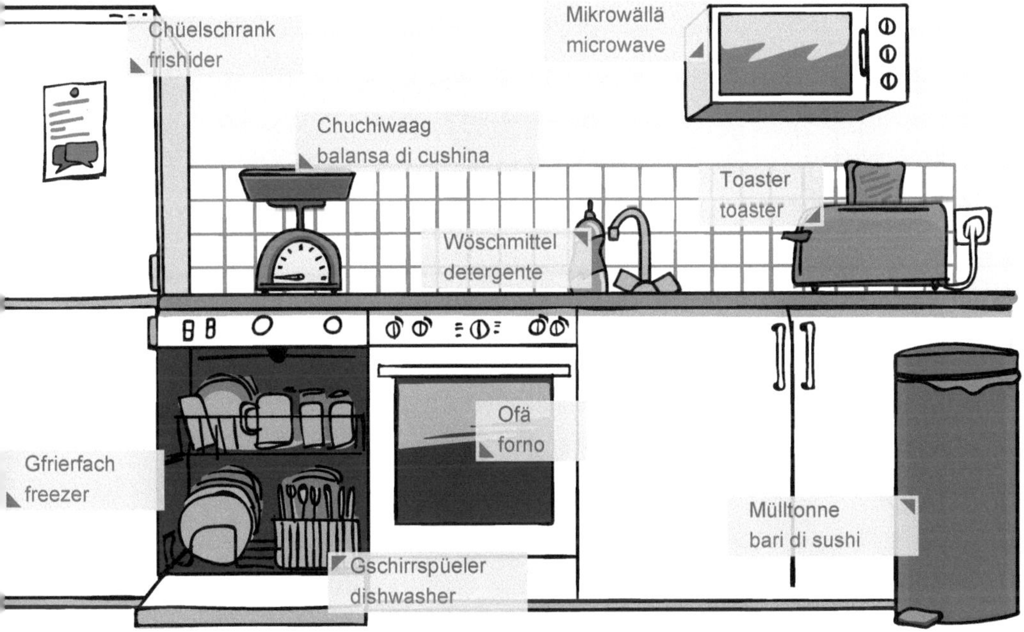

Chüelschrank
frishider
Mikrowällä
microwave
Chuchiwaag
balansa di cushina
Toaster
toaster
Wöschmittel
detergente
Ofä
forno
Gfrierfach
freezer
Mülltonne
bari di sushi
Gschirrspüeler
dishwasher

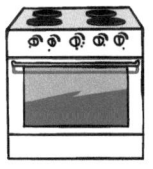

Härd
stoof

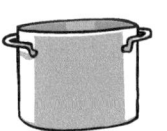

Topf
wea

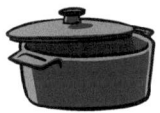

Iisetopf
wea di hero

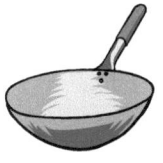

Wok / Kadai
wok

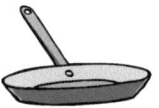

Pfanne
planchi

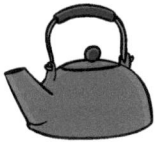

Wasserchocher
ketel

Dampfer

steamer

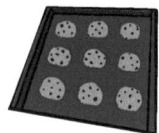

Bachbläch

teblachi pa horna

Gschirr

servies

Bächer

beker

Schale

conchi

Stäbli

chopstick

Suppechellä

cuchara di sopi

Pfannewänder

spatula

Schneebäse

garde

Sieb

scurido

Sieb

colado

Raffle

raspa

Mörser

fenso

Grill

barbecue

Füürstell

candela

Schniidbrätt

planki pa corta

Nudelholz

rostok

Korkäzieher

kurkentrek

Dosä

bleki

Dosäöffner

cos di habri bleki

Topflappä

pannenlap

Wöschbecki

wasbak

Bürste

skeiro

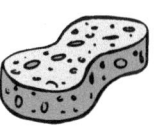

Schwumm

spons

Mixer

blender

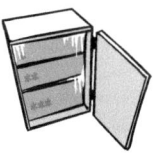

Gfrierschrank

freezer

Babyfläschli

tetero

Hahnä

cranchi

Badzimmer
baño

Heizig
verwarming
Duschi
douche
Handtuech
serbete
Duschvorhang
cortina di douche
Schumbad
baño di scuma
Badwanne
badkuip
Glas
glas
Wöschmaschine
wasmashin
Hahnä
cranchi
Fliesä
mosaik
Töpfli
pot
Wöschbecki
wasbak

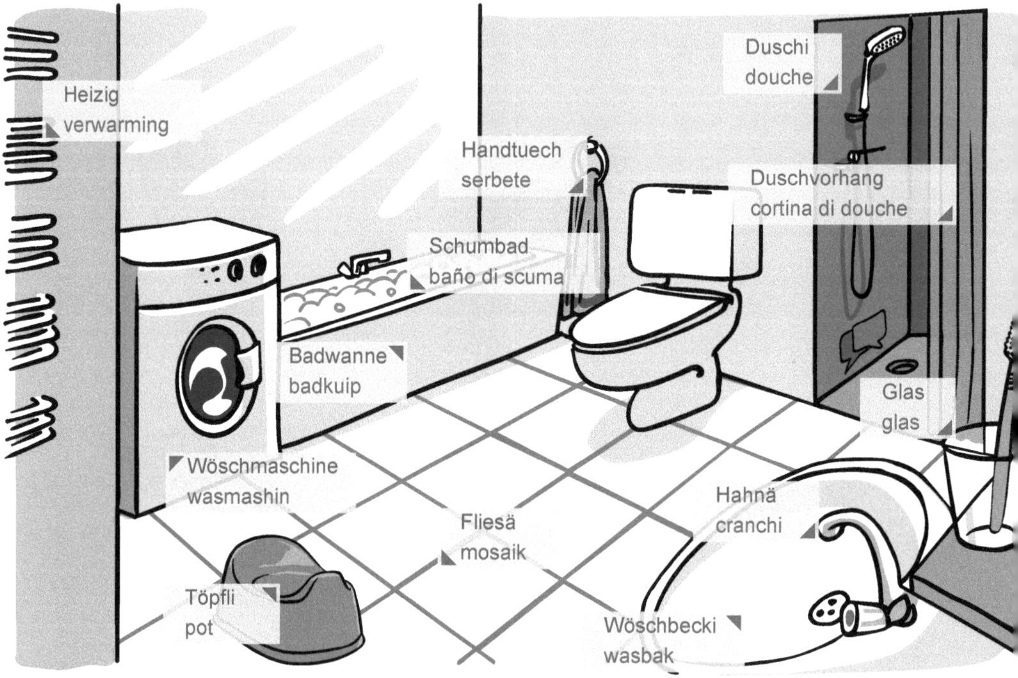

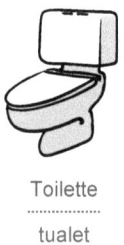

Toilette

tualet

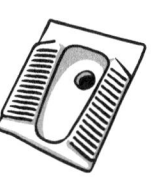

Plumpsklo

hurktoilet

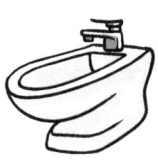

Bidet

bidet

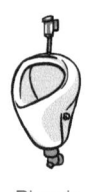

Pissoir

urinal

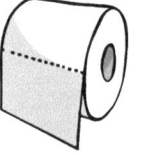

Toilettepapier

papel di w.c.

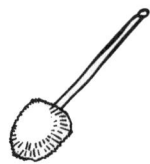

Toilettebürschteli

skeiro di w.c.

Zahbürstä

skeiro di djente

Zahpasta

pasta di djente

Zahnsiide

dental floss

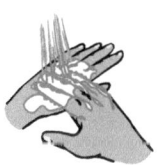

wäsche

laba

Handduschi

douche di man

Intiimduschi

bidet

Wöschbecki

tobo

Ruggäbürste

skeiro

Seifä

habon

Duschgel

shower gel

Shampoo

shampoo

Waschlappä

washandje

Abfluss

drain

Creme

crema

Deo

desodorante

Spiegel

spiel

Handspiegel

spiel di man

Rasierer

blet

Rasierschuum

shaving foam

Aftershave

aftershave

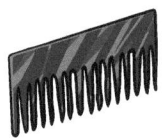

Schträäl

peña

Bürstä

skeiro

Föhn

blower

Hoorspray

spray pa cabey

Makeup

makeup

Lippestift

lipstick

Nagellack

cos di pinta huña

Wattä

catuna

Nagelscher

sker pa corta huña

Parfum

perfume

Necessaire

tas

Schemel

kruk

Waag

balansa

Badmantel

bata

Gummihändscheh

handschoen

Tampon

tampon

Damebinde

kotex

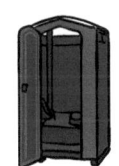

chemischi Toilette

wc kimico

Chinderzimmer

camber di mucha

Wecker
wekker
Kuscheltier
peluche
Spielzügauto
auto di hunga
Rassle
maraca
Puppehuus
cas di popchi
Gschänk
regalo

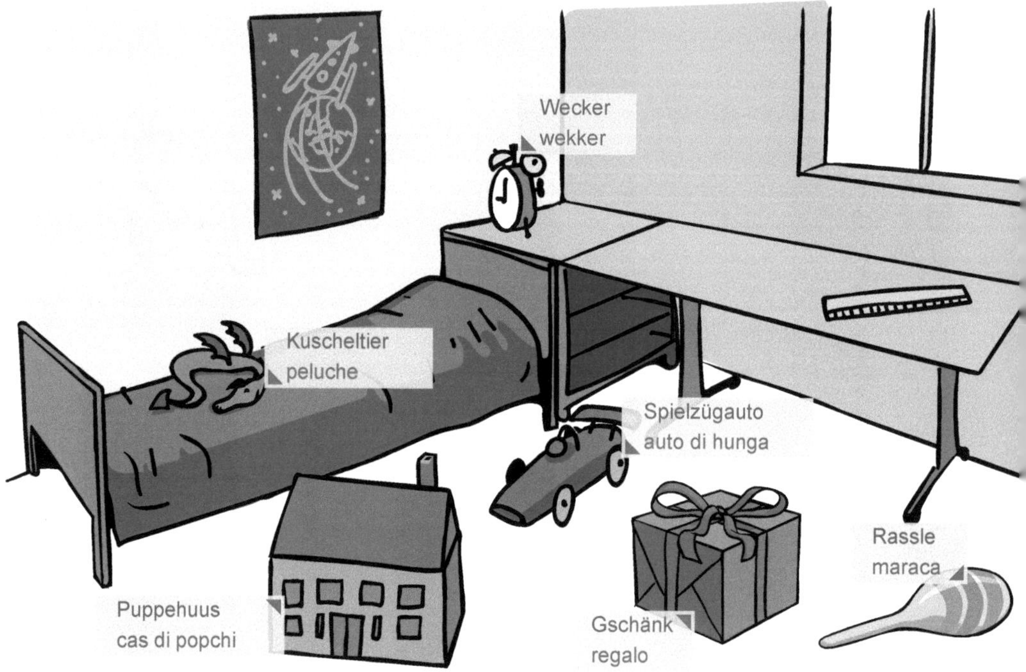

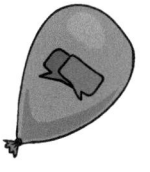

Ballon

blaas

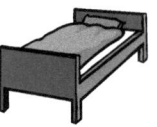

Bett

cama

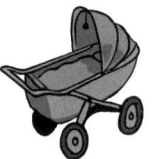

Chinderwage

stroller

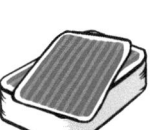

Chartespiel

barana di carta

Puzzle

puzzel

SUPER
MEGA

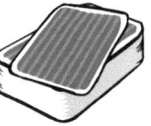

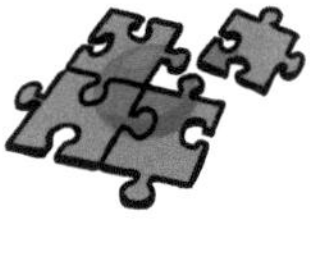

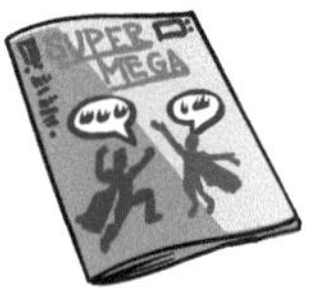

Comic

comic

Legos
lego

Baustei
bloki di hunga

Action Figur
figura di accion

Strampli
romper

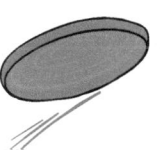

Frisbee
frisbee

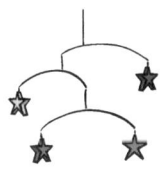

Mobile
mobil

Brättspiel
wega di mesa

Würfäl
dou

Modellisebahn
set di trein

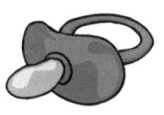

Nuggi
chupon

Party
fiesta

Bilderbuch
buki di prenchi

Ball
bala

Puppä
popchi

spiele
hunga

Sandchaschte
zandbak

Gigampfi
zoya

Spielzüg
cos di hunga

Videospielkonsole
videogame

Dreirad
tricycle

Teddy
beer

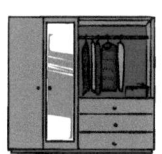

Chleiderschrank
cashi di paña

Chleidig
paña

Sockä
mea

Strümpf
mea

Strumpfhosä
pantyhose

Schal
sjaal

Rägeschirm
paraplu

T-Shirt
T-shirt

Gürtel
faha

Turnschueh
keds

Stiefel
boots

Badschlappe
slof

Sandalä
sandalia

Schueh
sapato

Gummistiefel
laars di rubber

Untrhosä
carsonsio

BH
bh

Underlibli
flanel

Body
body

Hosä
carson

Jeans
jeans

Rock
saya

Bluse
blusa

Hömli
camisa

Pulli
sweater

Kapuzepulli
sweater

Blazer
blazer

Jacke
jacket

Mantel
jas

Rägämantel
regenjas

Chostüm
flus

Chleid
shimis

Hochziitskleid
shimis di bruid

Ahzug
flus

Nachthömli
yapon

Pyjama
pidjama

Sari
sari

Chopftuäch
lenso di cabes

Turban
turban

Burka
burqa

Kaftan
kaftan

Abaya
abaya

Badchleid
zwempak

Badhose
zwembroek

churzi Hosä
carson cortico

Trainer
trainingspak

Schürze
lantera

Händsche
handschoen

Chnopf

boton

Brüllä

bril

Armband

armband

Chetti

cadena

Ring

renchi

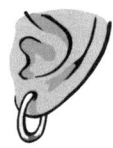

Ohrering

renchi di horea

Chappe

pechi

Chleiderbügel

kapstok

Huet

sombre

Grawattä

dashi

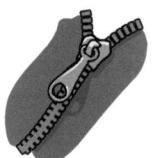

Riissverschluss

ziper

Helm

helm

Hosäträger

guiel

Schueluniform

uniform di scol

Uniform

uniform

Lätzli
....
babado

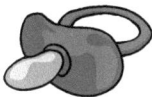

Nuggi
....
chupon

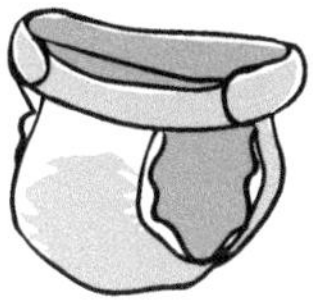

Windle
....
bruki

Büro
oficina

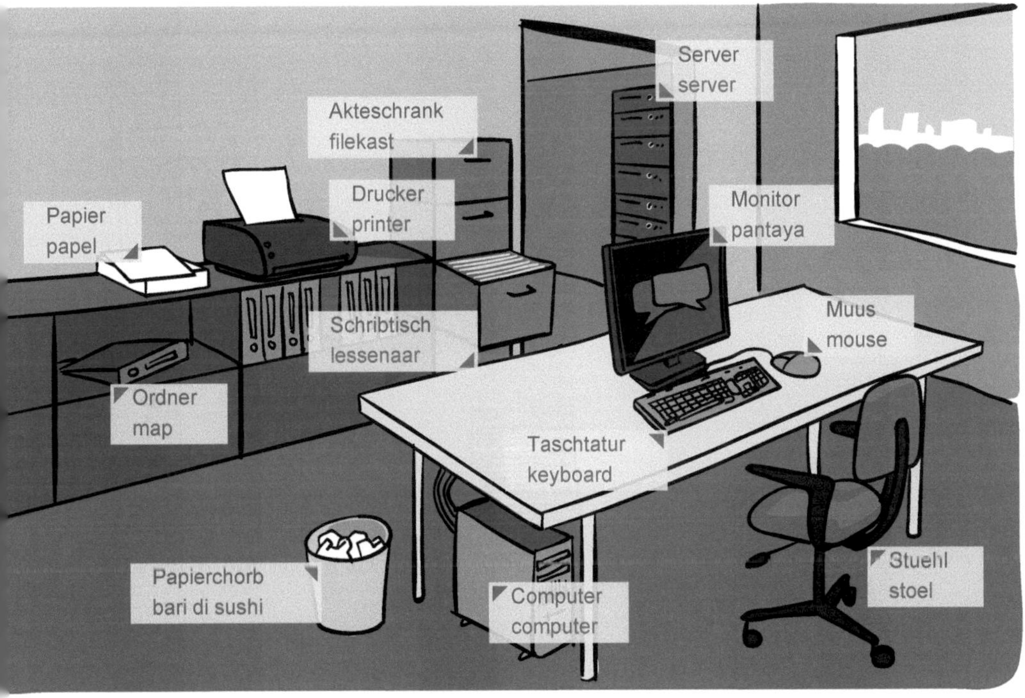

Papier
papel

Akteschrank
filekast

Drucker
printer

Server
server

Monitor
pantaya

Schribtisch
lessenaar

Muus
mouse

Ordner
map

Taschtatur
keyboard

Papierchorb
bari di sushi

Computer
computer

Stuehl
stoel

Kafibächer
....
copi pa bebe koffie

Tascherächner
....
calculator

Internet
....
internet

Laptop

laptop

Brief

carta

Nochricht

mensahe

Mobiltelefon

celular

Netzwärk

red

Kopierer

mashin di copia

Software

software

Telefon

telefon

Steckdosä

stopcontact

Fax

fax mashin

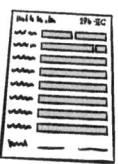

Formular

formulario

Dokumänt

documento

chaufe

cumpra

zahle

paga

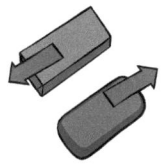

handle

negosha

Gäld

placa

Dollar

dollar

Euro

euro

Yen

yen

Rubel

roebel

Frankä

frank suiso

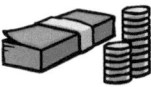

Renminbi Yuan

yuan renminbi

Rupie

roepi

Gäldautomat

bancomatico

Wächselstube

oficina di cambio

Gold

oro

Silber

plata

Öl

azeta

Energie

energia

Priis

prijs

Vertrag

contract

Stüür

impuesto

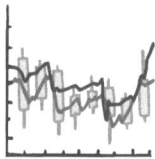

Aktie

share

schaffe

traha

Mitarbeiter

empleado

Arbeitgeber

dunado di trabou

Fabrik

fabrica

Gschäft

tienda

Brüef
ofishi / profesion

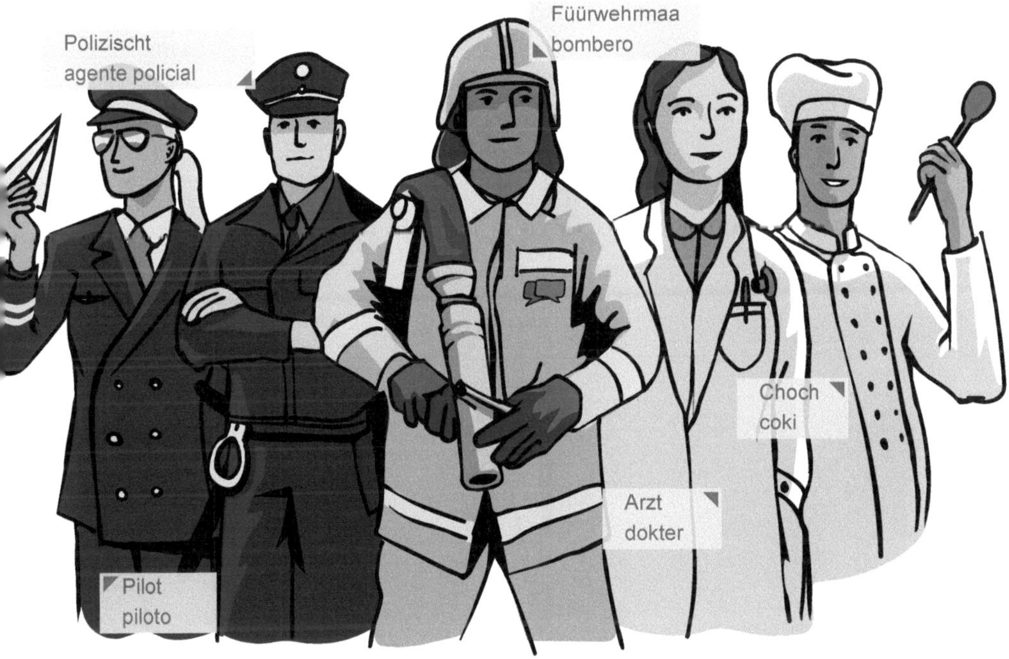
Polizischt
agente policial
Füürwehrmaa
bombero
Choch
coki
Arzt
dokter
Pilot
piloto

Gärtner
hardinero

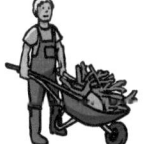

Zimmermah
carpinte

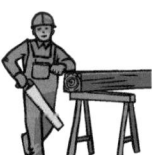

Näheri
cosedo

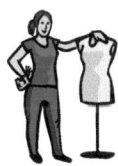

Richter
hues

Chemiker
kimico

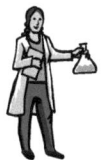

Darsteller
actor

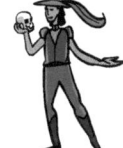

Busfahrer	Taxifahrer	Fischer
chauffeur di bus	chauffeur di taxi	piscado

Putzfrau	Dachdecker	Chällner
hende cu ta haci cas limpi	drechado di dak	waiter

Jäger	Moler	Bäcker
jaagdo	verfdo	panadero

Elektriker	Bauarbeiter	Ingenieur
electricista	trahado den construccion	ingeniero

Schlachter	Klämpner	Pöschtler
carnicero	loodgieter	partido di carta

Soldat

solda

Architekt

arkitecto

Kassierer

cahero

Florischt

florista

Frisör

pelukero / pelukera

Kontrolleur

controlado di ticket

Mechaniker

mecanico

Kapitän

capitan

Zahnarzt

dentista

Wüsseschaftler

cientifico

Rabbi

rabbi

Imam

imam

Mönch

monk

Pfarrer

pastor

Werkzüüg
herment

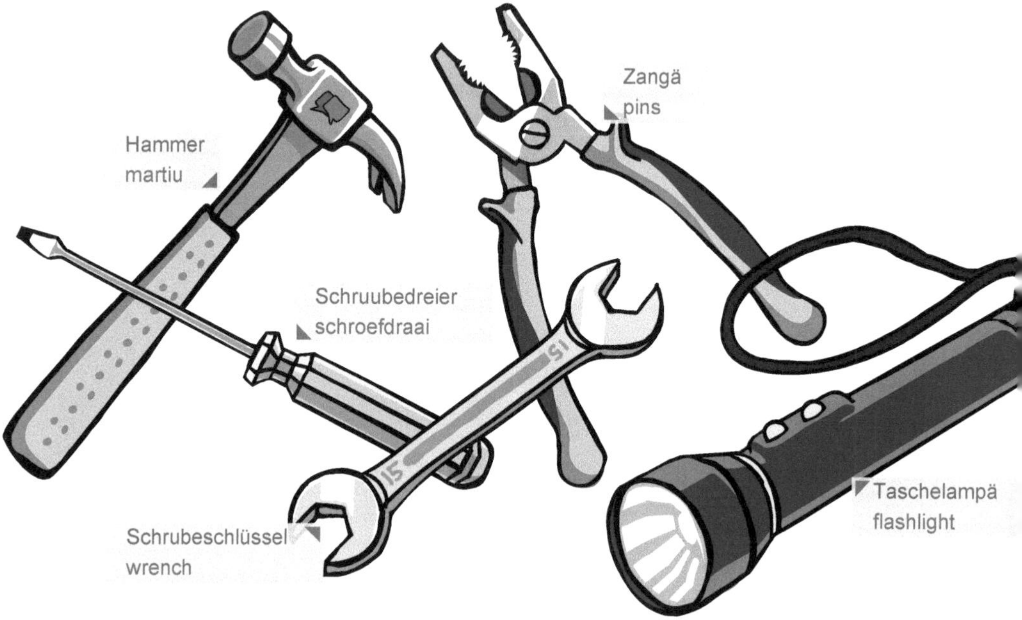

Hammer
martiu
Zangä
pins
Schruubedreier
schroefdraai
Schrubeschlüssel
wrench
Taschelampä
flashlight

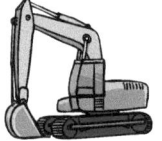

Bagger

bulldozer

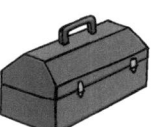

Werkzüügchaschte

caha di herment

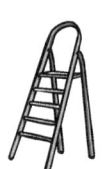

Leitere

trapi

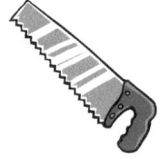

Sagi

zaag

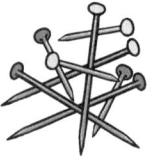

Negel

clabo

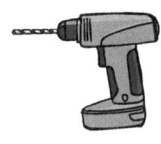

Bohrer

boormashin

flicke
drecha

Schufle
shobel

Mischt!
caraho!

Ascheschufle
scop

Farbchübel
bleki di verf

Schruube
schroef

Musiginstrumänt
instrumento musical

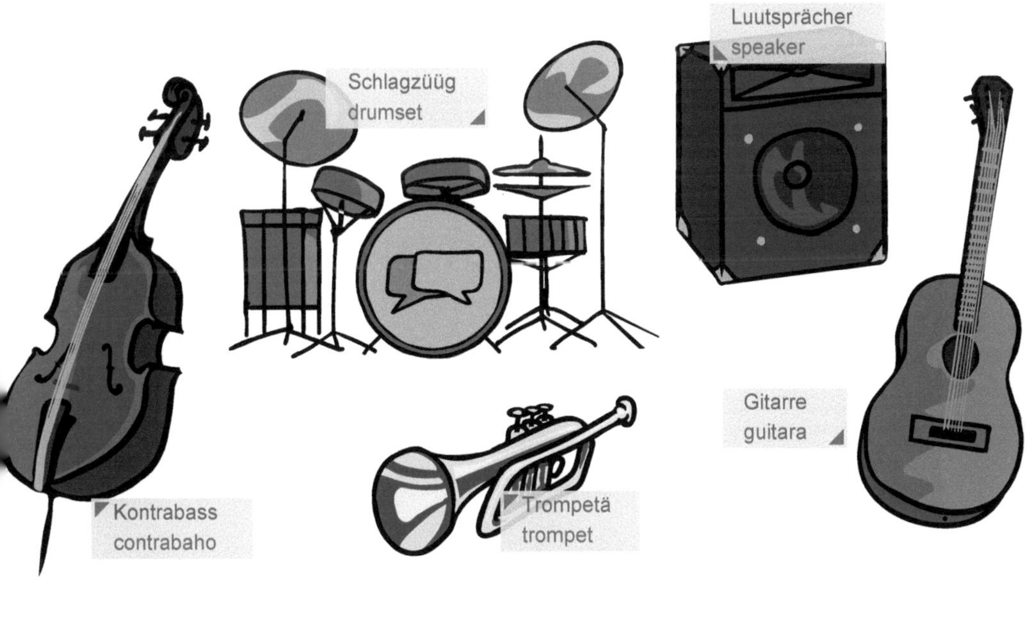

Schlagzüüg
drumset

Luutsprächer
speaker

Gitarre
guitara

Kontrabass
contrabaho

Trompetä
trompet

Klavier

piano

Violine

fio

Bass

baho

Pauke

timbal

Trummle

tambu

Keyboard

keyboard

Saxophon

saxofon

Flöte

fluit

Mikrofon

microfon

Zolli
parke di bestia

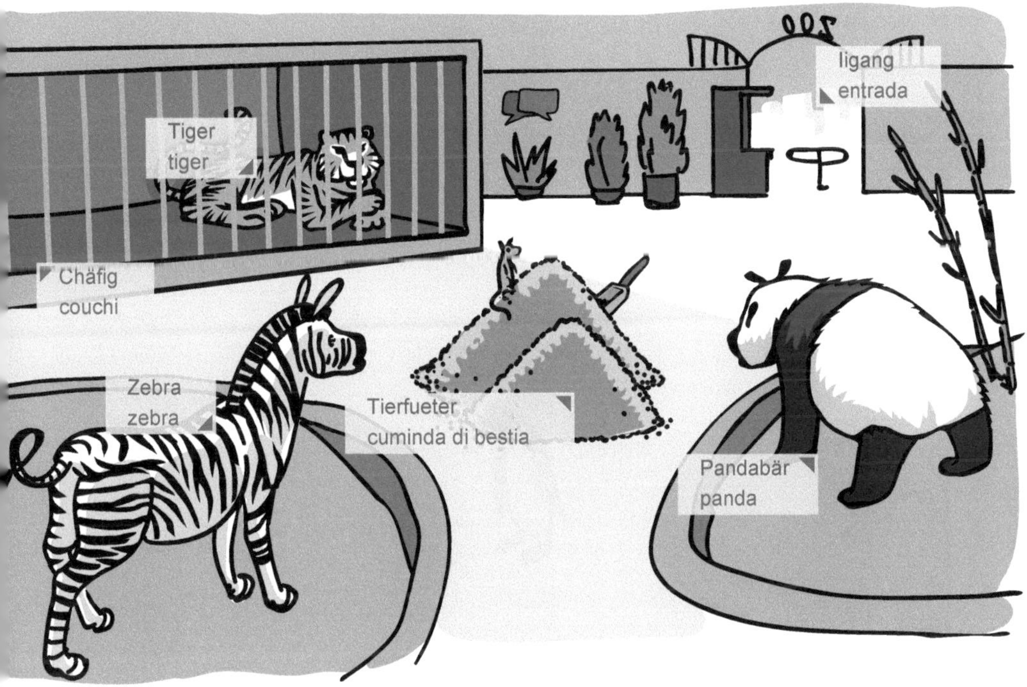

Tiger
tiger
Chäfig
couchi
Zebra
zebra
Tierfueter
cuminda di bestia
Pandabär
panda
Iigang
entrada

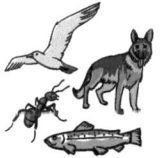

Tier

animal

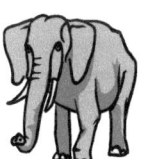

Elefant

olifante

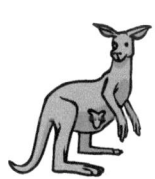

Känguru

cangaru

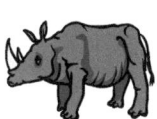

Nashorn

neushoorn

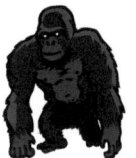

Gorilla

gorila

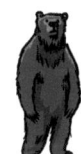

Bär

beer

Kamel

camel

Struss

avestruz

Leu

leon

Aff

macaco

Flamingo

flamingo

Papagei

lora

Iisbär

beer polar

Pinguin

pinguin

Hai

tribon

Pfau

pauwies

Schlangä

colebra

Krokodil

caiman

Zoowärter

cuidado di bestia

Robbä

cacho di awa

Jaguar

jaguar

Pony

pony

Leopard

leopardo

Nilpfärd

hipopotamo

Giraff

giraf

Adler

aguila

Wildschwein

porco di mondi

Fisch

pisca

Schildkrot

turtuga

Walross

walrus

Fuchs

vos

Gazelle

gazelle

American Football
futbol Americano

Velofahre
ciclismo

Tennis
tennis

Basketball
basketball

Schwümmä
landamento

Boxä
boxeo

Iishockey
ice hockey

Fuessball
futbol

Badminton
badminton

Liechtathletik
atletismo

Handball
handbal

Skifahre
ski

Polo
polo

Aktivitäte
actividad

lachä
hari
springä
bula
umarme
brasa
gah
cana
singe
canta
troime
soña
bätte
resa
küssä
sunchi

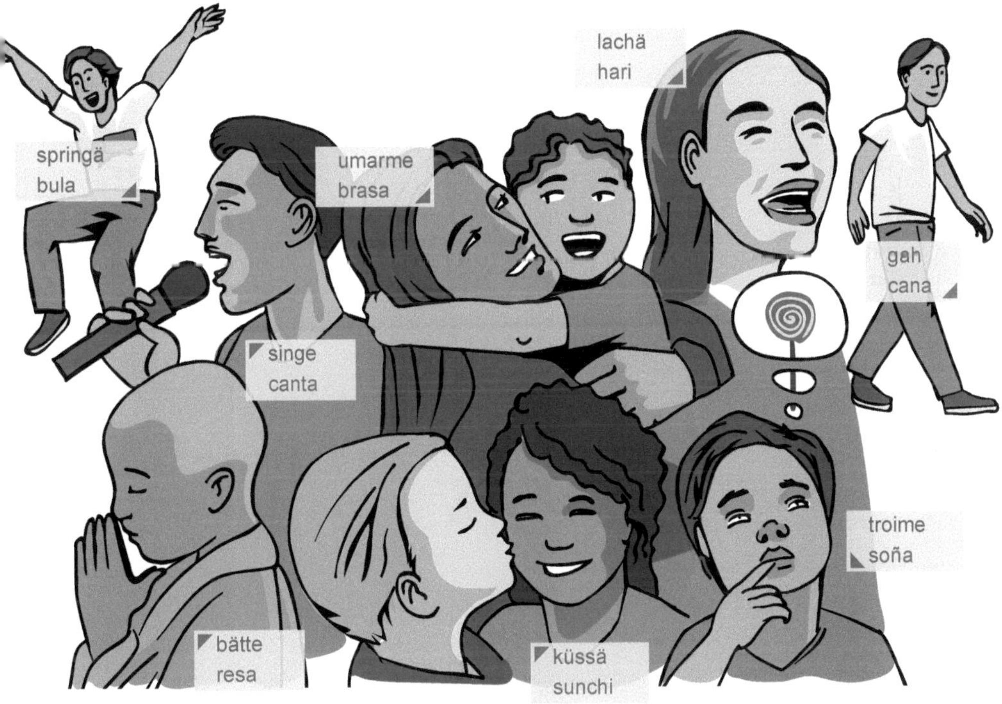

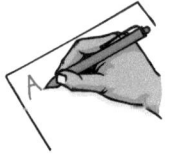

schribe
skirbi

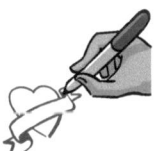

zeichne
pinta

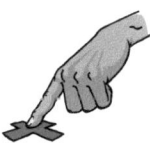

zeige
mustra

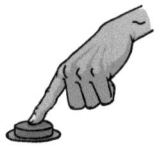

schiebe
primi

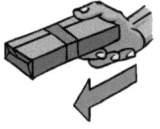

gäh
duna

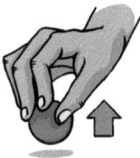

näh
coy

händ
tin

mache
haci

sy
ta

stah
para

laufe
core

zieh
ranca

rüerä
tira

fallä
cay

ligge
drumi

warte
warda

träge
carga

sitze
sinta

ahzieh
bisti

schlafe
drumi

ufwache
lanta fo'i soño

ahluege

mira

brüele

yora

striichle

caricia

bürste

peña

redä

papia

verschtah

compronde

froog

puntra

lose

scucha

trinke

bebe

ässe

come

ufruume

ruim op

liebe

stima

chochä

cushna

fahre

bai

flüge

bula

segle
....
zeilo

rächne
....
conta

läse
....
lesa

leerä
....
siña

schaffe
....
traha

hürate
....
casa

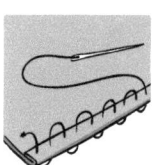

näije
....
cose

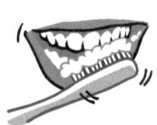

Zäh putze
....
skeiro djente

töte
....
mata

schlootä
....
huma

sände
....
manda

Familiä
famia

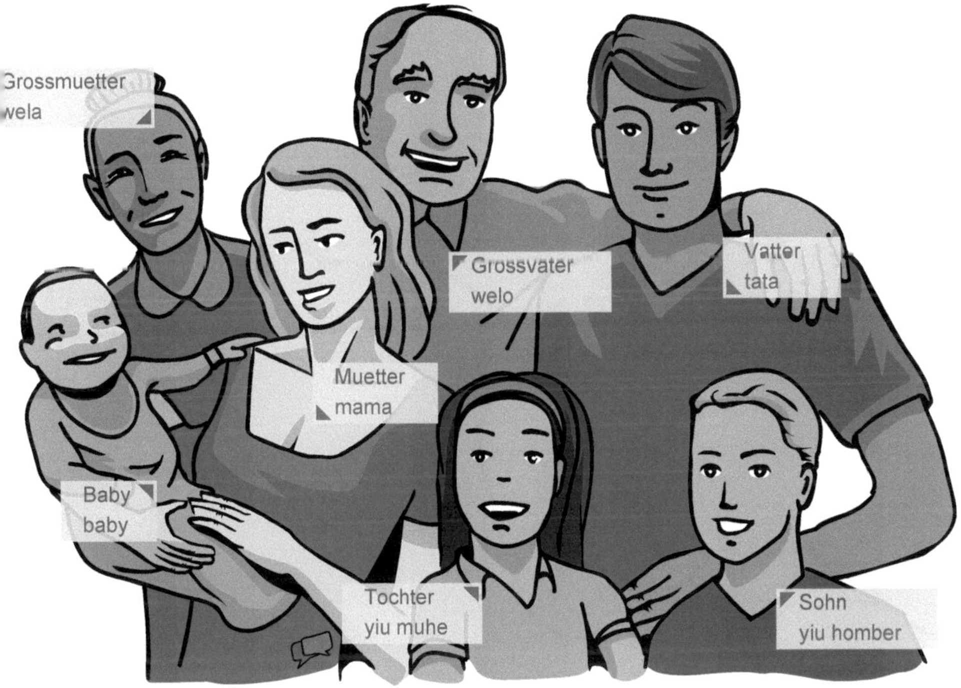

Grossmuetter
wela
Grossvater
welo
Vatter
tata
Muetter
mama
Baby
baby
Tochter
yiu muhe
Sohn
yiu homber

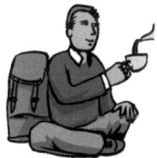

Gast
huesped

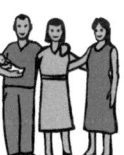

Tante
tanta

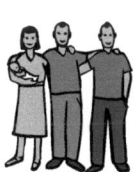

Unkel
omo

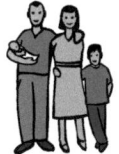

Brüeder
ruman homber

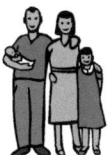

Schwöschter
ruman muhe

Körpär

curpa

Stirn
frenta
Aug
wowo
Schultere
schouder
Fingär
dede
Gsicht
cara
Chüni
cachete
Hand
man
Bei
pia
Bruscht
pecho
Arm
brasa

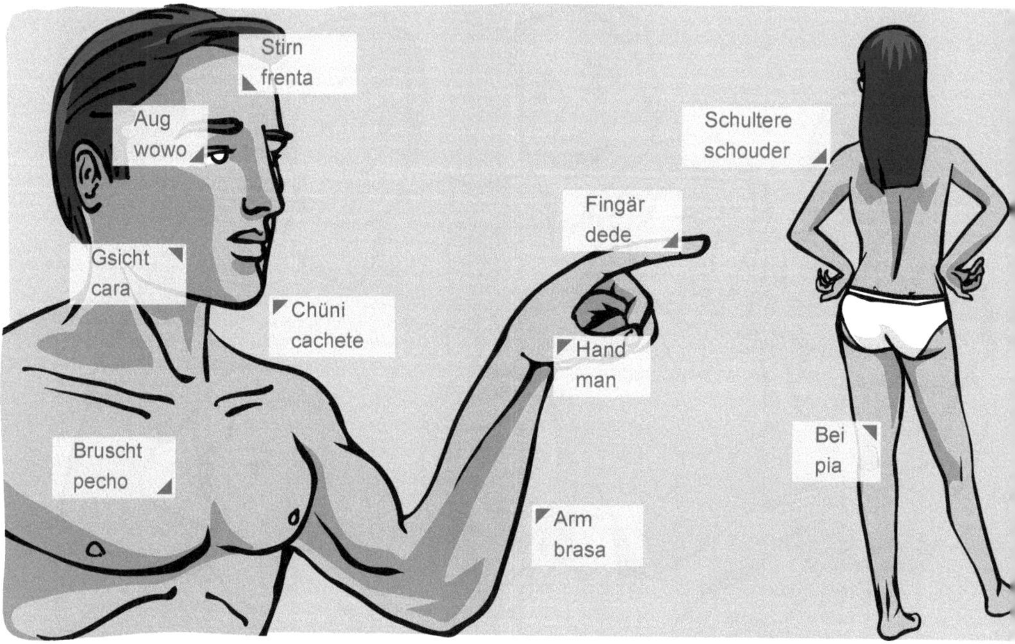

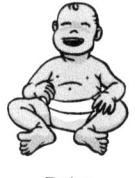

Baby
baby

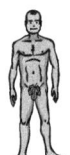

Mah
homber

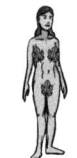

Frau
muhe

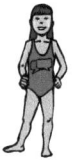

Meitli
mucha muhe

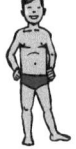

Bueb
mucha homber

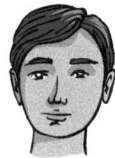

Chopf
cabes

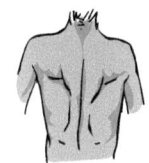

Ruggä
....
lomba

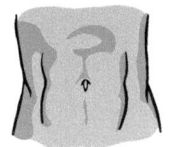

Buuch
....
bariga

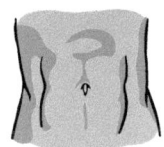

Buchnabel
....
lombrishi

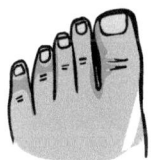

Zäche
....
dede di pia

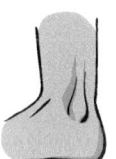

Fersä
....
hilchi

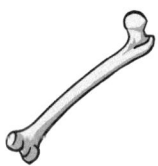

Knoche
....
weso

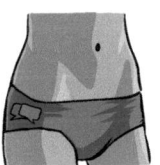

Hüfte
....
heup

Chnü
....
rudia

Ellbogä
....
elleboog

Nase
....
nanishi

Füdli
....
chanchan

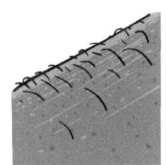

Hut
....
cuero

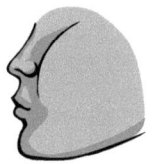

Bagge
....
wang

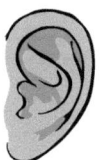

Ohr
....
horea

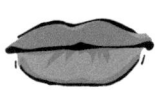

Lippe
....
lip

Muul

boca

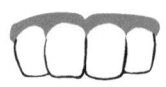

Zah

djente

Zungä

lenga

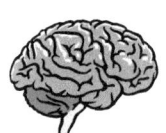

Hirni

celebro

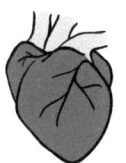

Härz

curason

Muskel

musculo

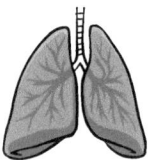

Lungä

pulmon

Läberä

higra

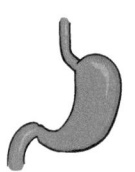

Magen

stoma

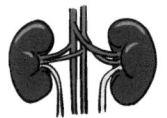

Nierä

nier

Gschlächtsvrkehr

sex

Kondom

condon

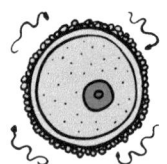

Eizälle

ovulo

Soome

sperma

Schwangerschaft

embaraso

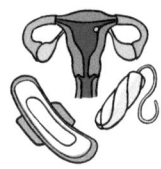

Menstruation

menstruacion

Vagina

vagina

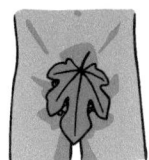

Penis

penis

Augebrauä

wenkbrauw

Haar

cabey

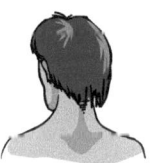

Hals

nek

Spital
hospital

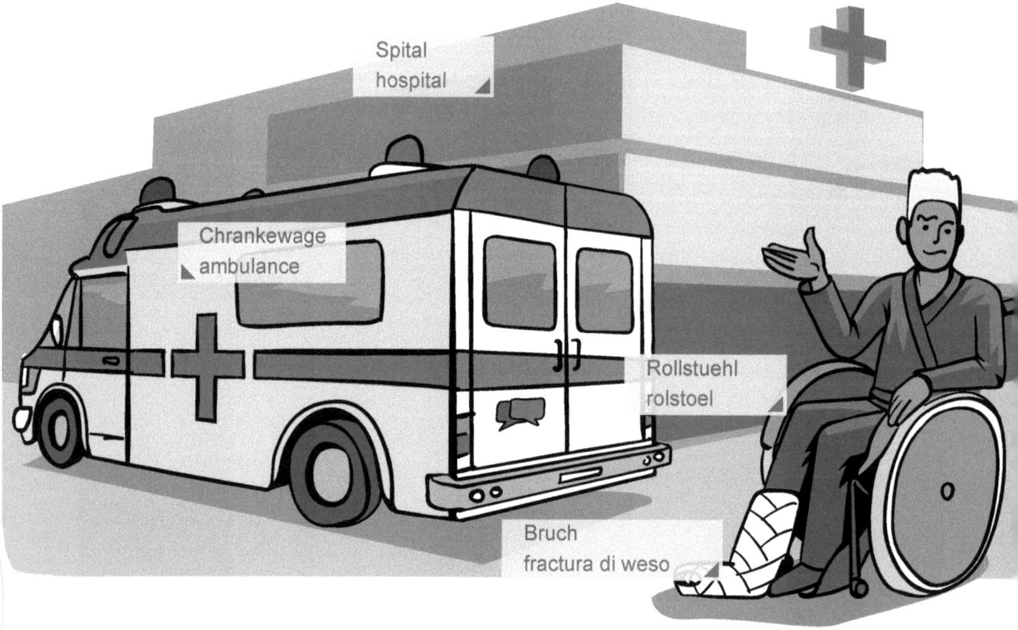

Spital
hospital
Chrankewage
ambulance
Rollstuehl
rolstoel
Bruch
fractura di weso

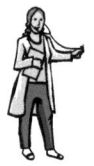

Arzt

dokter

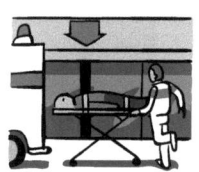

Notufnahm

EHBO (prome asistencia/eerste hulp)

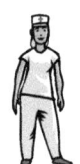

Chrankeschwöschter

nurse

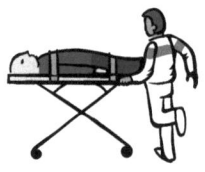

Notfall

caso di emergencia

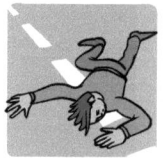

ohnmächtig

fo'i tino

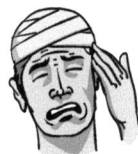

Schmärz

dolor

Verletzig

lesion

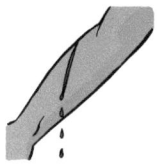

Bluätig

sangramento

Härzinfarkt

ataca di curason

Schlagahfall

ataca celebral

Allergie

alergia

Hueschtä

tosa

Fieber

keintura

Grippe

griep

Durchfall

diarea

Kopfschmärze

dolor di cabes

Kräbs

cancer

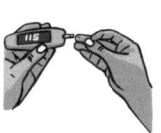

Diabetes

diabetes

Chirurg

ciruhano

Skalpell

scalpel

Operation

operacion

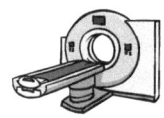

CT

CT

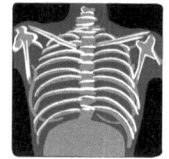

Röntgä

x-ray

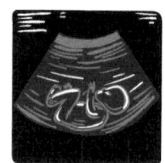

Ultraschall

echo

Gsichtsmaske

masker contra stof

Krankhet

malesa

Wartezimmer

sala di espera

Krückä

kruk

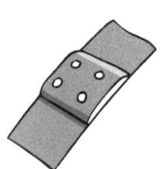

Pflaster

pleister

Vrband

verband

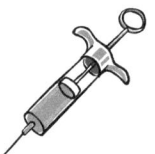

Injektion

inyeccion

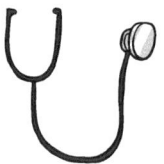

Stethoskop

stetoscop

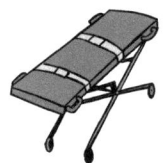

Trage

brancard

Thermometer

thermometer

Geburt

nacemento

Übergwicht

sobrepeso

Hörgrät

aparato pa oido

Desinfektionsmittel

desinfectante

Infektion

infeccion

Virus

virus

HIV / AIDS

HIV / AIDS

Medizin

remedi

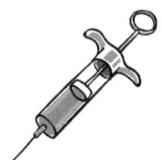

Impfig

vacuna

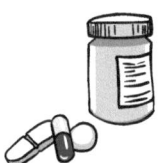

Tablette

pilder

Pille

pilder

Notruef

yamada di emergencia

Bluetdruck-Mässgrät

aparato pa midi presion

chrank / gsund

malo / saludabel

Hiufe!

auxilio!

Alarm

alarma

Überfall

atraco

Ahgriff

atake

Gfohr

peliger

Notuusgang

salida di emergencia

Füür!

candela

Füürlöscher

brandspuit

Unfall

desgracia

Ersti-Hilf-Koffer

caha di prome asistencia

SOS

SOS

Polizei

polis

Europa

Europa

Nordamerika

Noord America

Südamerika

Sur America

Afrika

Africa

Asie

Asia

Auschtralie

Australia

Atlantik

Oceano Atlantico

Pazifik

Oceano Pacifico

Indische Ozean

Oceano Indio

Antarktische Ozean

Oceano Antartico

Arktische Ozean

Oceano Artico

Nordpol

Noordpool

Südpol
Zuidpool

Antarktis
Antartica

Ärde
mundo

Land
tera

Meer
lama

Inslä
isla

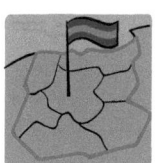

Nation
nacion

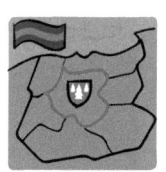

Staat
estado

Ziffereblatt

holoshi analog

Stundezeiger

wijzer chikito

Minutezeiger

wijzer grandi

Sekundezeiger

wijzer di seconde

Wie spaht isch es?

Cuant'or tin?

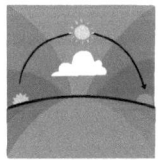

Tag

dia

Zit

tempo

jetzt

awor

Digitaluhr

holoshi digital

Minute

minuut

Stunde

ora

Wuche

siman

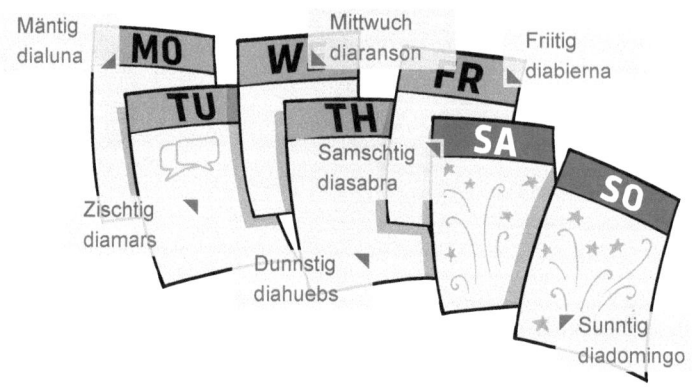

Mäntig
dialuna
MO

Mittwuch
diaranson
W

Friitig
diabierna
FR

TU

TH

SA

Samschtig
diasabra

Zischtig
diamars

SO

Dunnstig
diahuebs

Sunntig
diadomingo

geschter

ayera

hüt

awe

morn

mañan

Morgä

mainta

Mittag

merdia

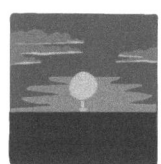

Aabig

anochi

MO	TU	WE	TH	FR	SA	SU
1	2	3	4	5	6	7
8	9	10	11	12	13	14
15	16	17	18	19	20	21
22	23	24	25	26	27	28
29	30	31	1	2	3	4

Wärktag

dia di trabou

MO	TU	WE	TH	FR	SA	SU
1	2	3	4	5	6	7
8	9	10	11	12	13	14
15	16	17	18	19	20	21
22	23	24	25	26	27	28
29	30	31	1	2	3	4

Wuchenänd

weekend

Johr
aña

Räge
awacero
Rägeboge
arco iris
Wind
biento
Schnee
sneeuw
Früelig
lente
Summer
zomer
Herbscht
herfst
Winter
winter

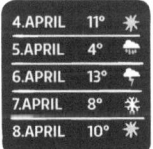

4.APRIL 11°
5.APRIL 4°
6.APRIL 13°
7.APRIL 8°
8.APRIL 10°

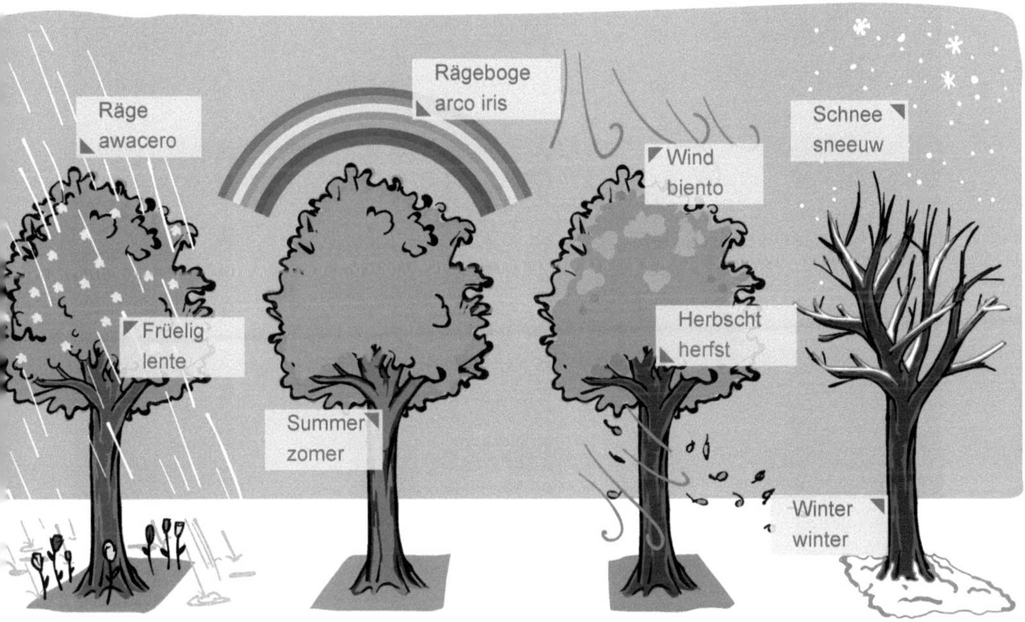

Wättervorhärsag

pronostico di tempo

F
C

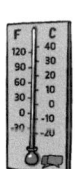

Thermometer

thermometer

Sunneschiin

solo ta briya

Wolkä

nubia

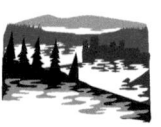

Näbel

neblina

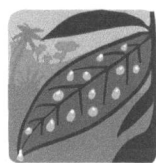

Fiechtigkeit

humedad

Blitz	Dunner	Sturm
lamper	strena	mal tempo
	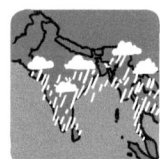	
Hagel	Monsun	Fluet
hagel	mal tempo	inundacion

Iis	Januar	Februar
ijs	januari	februari

März	April	Mai
maart	april	mei

Juni	Juli	Auguscht
juni	juli	augustus

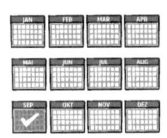

Septämber
....
september

Oktober
....
october

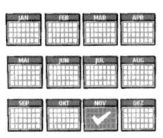

Novämber
....
november

Dezämber
....
december

Forme
forma

Kreis
....
circulo

Quadrat
....
cuadra

Rächteck
....
rectangulo

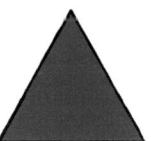

Dreieck
....
triangulo

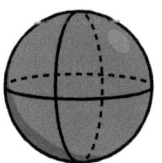

Chugele
....
bol

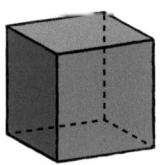

Würfel
....
kubus

wiss

blanco

gäl

geel

orange

oraño

pink

ros

rot

cora

liila

biña

blau

blauw

grüen

berde

bruun

bruin

grau

shinishi

schwarz

preto

viel / wenig

hopi / tiki

hässig / ruhig

rabia / trankil

hübsch / hässlich

bunita / mahos

Ahfang / Ändi

comienso / final

gross / chli

grandi / chikito

hell / dunkel

cla / scur

Brüeder / Schwöschter

ruman homber / ruman muhe

suuber / dräckig

limpi / sushi

vollständig / unvollständig

completo / incompleto

Tag / Nacht

dia / anochi

tot / läbig

morto / bibo

breit / schmal

hancho / smal

ässbar / nid ässbar
....
comibel / incomibel

bös / fründlich
....
mal hende / bon hende

uffreggt / glangwilt
....
ansioso / ferfela bo mes

dick / dünn
....
gordo / flaco

zerscht / zletscht
....
prome / ultimo

Fründ / Find
....
amigo / enemigo

voll / läär
....
yen / bashi

hart / weich
....
duro / moli

schwer / liecht
....
pisa / lihe

Hunger / Durscht
....
hamber / sed

chrank / gsund
....
malo / saludabel

illegal / legal
....
ilegal / legal

intelligänt / gatz
....
inteligente / sabi

links / rächts
....
robes / drechi

nöch / wiit weg
....
cerca / leu

neu / bruucht
nobo / uza

nüt / öpis
nada / algo

alt / jung
bieu / jong

ah / uss
cendi / paga

offe / zue
habri / cera

lislig / luut
keto / duro

riich / arm
rico / pober

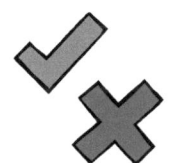

richtig / falsch
bon / fout

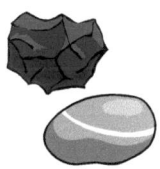

rau / glatt
grof / liso

truurig / glücklich
tristo / contento

churz / lang
cortico / largo

langsam / schnäll
pocopoco / lihe

nass / trochä
muha / seco

warm / chalt
cayente / friu

Chrieg / Friede
guera / paz

0	**1**	**2**
Null	eis	zwei
cero	un	dos
3	**4**	**5**
drü	vier	foif
tres	cuater	cinco
6	**7**	**8**
sächs	sibe	acht
seis	shete	ocho
9	**10**	**11**
nün	zäh	elf
nuebe	dies	diesun

12

zwölf

diesdos

13

drizäh

diestres

14

vierzäh

diescuatro

15

füfzäh

diescinco

16

sächzäh

diesseis

17

siebzäh

diesshete

18

achtzäh

diesocho

19

nünzäh

diesnuebe

20

zwänzg

binti

100

Hundert

shen

1.000

Tuusig

mil

1.000.000

Million

miyon

Zahlä - cifra

Sprache
idioma

Änglisch

Ingles

Amerikanischs Änglisch

Ingles Mericano

Chinesisch Mandarin

Chines Mandarin

Hindi

Hindi

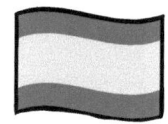

Spanisch

Spaño

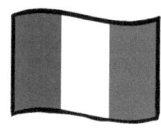

Französisch

Frances

Arabisch

Arabe

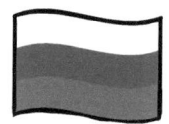

Russisch

Ruso

Portugiesisch

Portugues

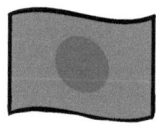

Bengalisch

Bengal

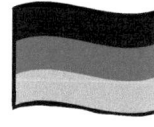

Dütsch

Aleman

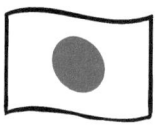

Japanisch

Hapones

ich
ami

du
abo

är / sie / es
e

mir
nos

ihr
boso

sie
nan

wär?
ken?

was?
kico?

wie?
con?

wo?
unda?

wänn?
ki ora?

Name
nomber

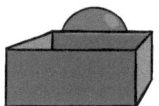

hinder

patras

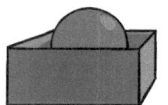

in

den

vor

dilanti di

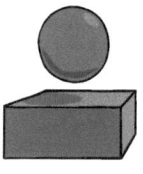

über

ariba

uf

riba

under

bou di

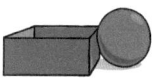

näbe

banda di

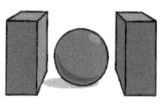

zwüsche

entre

Ort

luga